L656 214

ESSAI

SUR LES MOYENS

PROPRES A ÉVITER LE RETOUR

DES CALAMITÉS PUBLIQUES.

> Je vous propose aujourd'hui la bénédiction
> de Dieu et sa malédiction : sa bénédic-
> tion si vous obéissez à ses commande-
> ments, et sa malédiction si vous vous
> éloignez de la voie que je vous enseigne.
> (*Deuteronome*, ch. 11., v. 26.)

Par J.-A. MOUTET,

Chef de div. des bureaux de la Préfecture, en retraite.

PRIX : 50 CENTIMES.

MARSEILLE,

CHEZ P. CHAUFFARD, IMPRIMEUR-LIBRAIRE,

PLACE NOAILLES, N° 24.

ET CHEZ PERISSE FRÈRES, LIBRAIRES,

A PARIS, RUE PETIT-BOURBON, 18,

Et à Lyon, rue Grande-Mercière, n° 33.

1855.

OUVRAGES DU MÊME AUTEUR

Qui se trouvent à la Librairie de P. Chauffard.

ESSAI

SUR LES MOYENS

PROPRES A ÉVITER LE RETOUR

DES CALAMITÉS PUBLIQUES.

———❦———

Le fléau dont le ciel frappait naguère la France a contristé tous les cœurs, et il n'est pas de moyens que notre amour pour nous et pour l'humanité ne nous porta à prendre pour nous mettre à couvert du retour de ses atteintes. Mais, hélas! l'inutilité des nombreuses investigations des médecins les plus célèbres pour connaître la cause, la marche et les moyens curatifs du fléau, doit porter à croire que as source n'est pas dans l'ordre matériel, et l'observateur, sans renoncer à ses recherches, doit les transporter dans un autre ordre de choses.

J'ai cru les trouver dans les graves infractions de la loi divine, et surtout dans la violation publique du repos dominical, et les scandales résultant de la loi qui régit actuellement ce qui concerne les unions conjugales. Or, s'il dépend des hommes de faire cesser ces graves infractions, Dieu seul peut nous préserver des maux qui nous menacent encore, et c'est pourquoi je conjure instamment ceux qui liront ces réflexions toutes simples , de les peser devant le Seigneur , dont ils pourraient pour la plupart contribuer à apaiser la juste colère.

Il y a lieu de croire , ainsi que nous l'avons déjà dit , que deux grandes infractions ont irrité le souverain Créateur de toutes choses : la violation du repos du dimanche , et le mépris des prescriptions divines qui autorisent , en les sanctifiant , les unions conjugales. Or , d'abord , rien ne s'opposerait à l'observation stricte des lois relativement au repos du dimanche , si nécessaire , de quelque manière qu'on l'envisage.

Les hommes religieux de l'Europe entière sont ou juifs , ou catholiques , ou membres des sectes diverses qui , croyant à l'Evangile , se sont séparées du centre de l'unité , du seul foyer des lumières divines , et tous sans exception professent la croyance en la loi que l'Éternel donna solennellement à Moïse sur le mont Sinaï. On sait que l'un de ses commandements prescrit formellement le repos et la sanctification du septième jour, et il est inutile de rappeler ici la peine terrible que les Hébreux infligeaient aux contrevenants, tant ils avaient à cœur l'observation exacte des ordres du Seigneur.

Tous les croyants de l'Europe , et je pourrais dire du monde entier , tiennent donc à sanctifier le jour que le Seigneur s'est réservé. Et nonobstant ce vœu presque universel, les hommes distingués que la haute confiance de l'empereur a placé à la tête du gouvernement n'osent pas , par leur sanction , donner une nouvelle vie à la loi de 1814, sur la cessation de tout travail le dimanche.

En combattant leur manière de voir, je respecte leur intention ; ils ont donné des gages incontestables de leur dévouement aux intérêts de la chose publique, et je suis convaincu que, si pour constater authentiquement le vœu individuel de chaque Français sur l'observation du grand précepte qui nous occupe, on ouvrait les urnes d'un nouveau plébiciste, ils demanderaient eux-mêmes, sans hésiter, que force et vigueur fût donnée à la loi qu'on prétend frappée de désuétude. Ce n'est donc qu'un vain scrupule de légalité qui contraint le désir existant au fond de leur cœur, et c'est là ce que je tiens à prouver.

Quoi ! vous avouez tous qu'une immense majorité a choisi Napoléon pour présider aux destinées de la France, et vous reconnaissez les lois subséquentes, qui ont établi des fêtes nationales.

Or, si pendant l'un de ces jours consacrés par la loi, un dissident affectait d'ouvrir son magasin ou son atelier, et s'y livrait au travail, sous prétexte ou de sa diversité d'opinion, ou de son origine étrangère, vous ne manqueriez pas de répondre aux uns : Nous n'avons pas à nous enquérir de l'affection intérieure que vous avez pour le souverain que la volonté nationale a porté sur le trône impérial ; nous vous laissons penser ce qui vous plaît ; mais respectez la loi qui prescrit à tous les habitants de fêter par le repos le jour consacré à la manifestation de la reconnaissance publique ; observez nos injonctions, ou nous saurons vous y contraindre en vous faisant subir un long repos forcé. Vous diriez aux seconds : En habitant la France, et en demandant à ses lois de protéger votre domicile, votre personne et vos biens, vous lui donnez le droit incontestable d'exiger de vous que vous ne fassiez rien qui puisse troubler l'harmonie sociale. Aimez votre souverain comme vous l'entendrez, nous n'avons pas à nous y opposer; mais obéissez à la loi du pays qui vous donne asile et sureté.

Que pourroit-on répliquer aux injonctions des agents de la chose publique dans l'occurence supposée ? Et pourrait-on répliquer davantage s'ils avaient mission d'assurer le chômage dominical voulu par une loi dont on néglige l'exécution, mais qu'aucune disposition législative n'a abrogée ?

Prétendrait-on que notre pacte fondamental donne à tous les Français une liberté entière en matière de culte, et que nul n'a le droit de les empêcher de travailler quand il leur plaît ? Il serait facile de leur répondre :

La loi vous donne la liberté des cultes, on ne veut pas vous la ravir ; on ne s'enquiert ni de celui que vous professez, ni de la manière dont vous vous conformez à ses rites ; mais l'immense majorité des Français demande le repos du dimanche, l'observation de la loi de 1814, et par respect pour cette incontestable majorité, nous devons exiger que rien ne trouble l'harmonie du repos commandé par la loi divine, prescrit par toutes les religions positives du monde entier. On ne veut exercer aucune contrainte sur votre conscience ; mais on doit empêcher que vos actions ne soient matériellement contraires à la volonté de la loi.

Oh ! si l'on parlait de la sorte , le repos universel pendant le jour que le Tout-Puissant s'est réservé, réjouirait le ciel et rassainirait la terre. Chacun ferait le sacrifice de sa volonté à la volonté de Celui qui commande avec tant de précision aux évolutions des corps célestes. Plus ce sacrifice serait sincère et entier, et plus ses effets seraient prompts et merveilleux. Le ciel comblerait nos vœux en protégeant nos armes ; la victoire accompagnerait partout nos héros. Bientôt retentirait dans le monde entier le bruit de la chûte du *grand colosse*, qui après avoir follement usurpé le pouvoir spirituel, voulait jeter les bases d'une domination européenne (1).

La deuxième brèche faite par le siècle à la loi vraiment fondamentale de la société , consiste dans les innovations introduites par le Code civil dans ce qui concerne l'union conjugale.

Jésus-Christ, par sa toute-puissance unie à sa paternelle bonté, a élevé le mariage à la dignité de sacrement , et a ainsi neutralisé le mal dont, sans lui, cette union devient la source intarissable et fé-

---

(1) Je n'ignore pas que des plumes savantes et élégantes ont traité sans succès ce sujet si important. Si j'ose ajouter mes faibles efforts à leurs doctes écrits , c'est parce que je sais que lorsqu'un vase est déjà rempli il suffit d'une goutte d'eau pour le faire verser.

tide. Quoi de plus simple que de s'en tenir à cette notion, aussi simple que vraie ?

Mais non : Napoléon Ier, en arrachant notre belle France aux horreurs de l'anarchie révolutionnaire, s'était entouré de tous les hommes éminents qu'il crut propres à le seconder dans l'œuvre de régénération qu'il avait médilée. Il voulut que les habitants de la France fussent soumis à un même Code, ce qui ne fut pas la moins remarquable de ses conceptions. Son sceptre voulut briser les bizarres coutumes locales qui fesaient varier le droit selon les provinces, et, embrassant avec la fermeté du regard de l'aigle les nombreuses parties que son Code devait traiter, il distribua les matières selon les connaissances spéciales des capacités qu'il avait réunies.

Malheureusement, quelles que fussent leurs connaissances, elles n'étaient ni perfectionnées, ni corroborées par les lumières infaillibles de la foi. La plupart d'entr'eux appartenant à l'école philosophique, avaient secoué le joug de toute croyance religieuse ; les autres, les plus distingués, les plus capables, sortaient de l'ancien barreau, où le jansénisme avait faussé tant d'intelligences, et personne n'ignore que dans le grand conseil où se discutaient les mesures de réorganisation sociale, Napoléon fut seul d'avis de relever les autels, et qu'il sut, là comme sur les champs de bataille, renverser les obstacles et arriver à ses fins.

Mais la mission des grands hommes, déjà si immense, est de considérer les choses du haut de leu position, en se reposant pour l'exécution des détails sur ceux qui les secondent. Les rédacteurs de la section du Code sur le mariage, remplirent leur tâche en hommes savants, il est vrai; mais, oubliant l'infaillibilité promise à l'Église et voulant être plus sages qu'elle, ils entourèrent cet acte d'exigences et de formalités qui peuvent être bonnes en elles-mêmes, mais qui sont superflues et dès lors nuisibles. Donnons-en un exemple : l'Eglise romaine, après la publication des bans ordinaires, n'exigeait pas indispensablement pour les majeurs (du moins quant au for extérieur) la présence ou le consentement du père, de la mère ou des aïeuls; mais que firent les modernes législateurs? ils exigèrent impérieusement, après la publication des bans ordinaires, le consentement légal des parents. Voulaient-ils ainsi resserrer les liens qui doivent unir les enfants à leur père? mais pourquoi donc, par une anomalie qui perce toujours dans les œuvres philosophiques, prévoir le cas où le père ne consentirait point, et entasser alors tant de vaines formalités, pour faire prévaloir la volonté filiale sur l'autorité paternelle? Ne valait-il pas mieux éviter ce conflit, ce duel immoral, comme le fait l'Église, en émancipant l'homme majeur, en lui abandonnant la responsabilité de son acte, et en laissant au temps le soin de faire disparaître les traces d'un dissentiment de famille que des actes écrits et enregistrés n'auraient pas éternisé.

Mais il est dit dans le livre dont on ne saurait retrancher un iota sans crime : *Que la sagesse humaine n'est que folie.*

Pourquoi les rédacteurs de cette partie du Code ne commencèrent-ils pas par bien connaître les formes suivies avant la révolution et par se demander ensuite si depuis qu'elles avaient disparu, les mœurs avaient gagné ou perdu ? Dans le premier cas, il ne manquait pas de mesures pour donner plus de solennité à l'acte conjugal, mais, dans le cas contraire, pourquoi ne pas réduire les formes, afin d'arriver au but par la voie la plus sûre, qui est toujours la plus courte (1)?

Du reste, quels furent les résultats de ces superfluités entassées ? Les statistiques le font connaître. Dans certaines contrées, *un tiers* des enfants qui voient le jour est *l'œuvre de la licence*. Et l'on pourrait ne pas trembler devant un tel aveu ? Il est terrible en effet, non plus seulement aux yeux de la foi, qui nous enseigne que Dieu n'est jamais offensé impunément, mais encore aux yeux de la politique la plus vulgaire, puisque l'expérience prouve que ces enfants, flétris d'un nom abject, parce qu'ils sont le fruit d'un désordre moral, *sont par instinct les ennemis nés de la société qui les repousse*, toujours prêts à s'en-

---

(1) On ne met les choses à la portée de la multitude qu'en les simplifiant jusqu'à leur plus simple expression. Quand Dieu donna sa loi sur le mont Sinaï, il fit le Décalogue. Quand le Verbe fait chair annonça sa morale, il la réduisit à ces mots : *Vous aimerez le Seigneur votre Dieu de tout votre esprit, de tout votre cœur, de toute votre âme, et votre prochain comme vous-même.* Quand nos généraux conduisent nos braves à la victoire, ce n'est qu'à l'aide des commandements les plus brefs.

roler sous les drapeaux de l'agitation et du trouble.

Mais si le nombre effrayant des enfants qui naissent hors de la loi civile doit faire comprendre aux hommes sérieux le danger qu'il y a à s'éloigner des prescriptions divines, que dire du nombre des enfants illégitimes, *religieusement parlant*, parce que leurs auteurs, unis par le lien civil, ont dédaigné de recevoir la bénédiction qui peut seule autoriser et sanctifier l'union conjugale. Ce nombre est plus grand qu'on ne peut croire ; nouvelle tache originelle, elle ne peut entraîner que de funestes effets.

La conviction de ce fait me fut donnée par un simple orfèvre de notre ville. Après le terrible choléra qui désola Marseille en 1832, beaucoup, me dit-il, ont évalué le mal que la grande épidémie vient de faire, et moi, sans quitter ma balance, j'ai été le témoin du bien immense qu'il a fait. Oui, ajouta-t-il en voyant mon étonnement, ce bienfait m'est démontré par les bagues de mariage que j'ai vendues, et dont j'ai dû renouveler la provision.

Il est donc vrai qu'il y en avait beaucoup qui s'étaient bornés jusqu'alors à l'acte civil, et cette idée seule me fit trembler. Membre de l'Œuvre de Saint-François-Régis depuis l'origine, je sais que cet affreux désordre règne plutôt dans les grandes villes que dans les communes rurales. Là, les administrateurs se prêtant aux besoins de la population, se rendent de bonne heure sur leur siége, constatent le serment des époux, et ceux-ci, sans rentrer dans

leur demeure, vont à l'Eglise y recevoir le sacrement qui bénit et sanctifie l'union ; mais dans les
grandes villes en est-il ainsi? La chose serait à désirer.
Car nous n'aurons jamais un ordre durable, qu'alors
que ceux qui ont le pouvoir en main donneront
l'exemple de l'obéissance aux prescriptions divines,
en évitant soigneusement tout ce qui pourrait en
contrarier l'exécution. C'est ainsi que dans une armée
les chefs s'assujétissent à l'exacte observation d'une
sévère discipline.

Pour combattre tant d'inconvénients qui menacent
d'engloutir la société dans le cloaque du communis-
me, du phalantérisme et d'un libertinage effréné, pourquoi donc ne pas simplifier les formalités préalables
au mariage, et ne pas imiter ce qui se fait dans un
royaume voisin, à Naples. Là, l'autorité civile reçoit
la déclaration des futurs, établit leur identité, leurs
noms et prénoms, le lieu et l'époque de la naissance,
procède à la publication, constate, après l'expiration
du délai, l'absence de toute opposition, et renvoie
les parties en leur remettant une copie de l'acte de
non opposition, devant l'autorité religieuse, pour la
célébration du mariage. Cette marche est seule rai-
sonnable ; elle assure tous les avantages de l'état civil
actuel en en faisant éviter tous les inconvénients ;
elle conserve à César sa puissance civile et tempo-
relle, et elle rend à Dieu, dans la personne de ses
ministres, ce qui est dû à la suprême majesté. Pourquoi donc ne pas former des vœux pour qu'elle fût

suivie ? L'orgueil philosophique et la morgue du schisme avaient voulu élever autel contre autel. Ne serait-il pas digne de la haute sagesse dont S. M. l'empereur a donné tant de preuves, de rallier plus fortement la France au centre de l'unité cathol que. Ce serait une gloire de plus acquise au principal agent dont la divine Providence se sert pour maintenir sur le trône pontifical le représentant de Jésus-Christ sur la terre (1).

Il faut dire aussi combien il serait nécessaire de modifier les règles concernant les dispenses pour les mariages prohibés par la loi, mais que le souverain peut autoriser.

Les instructions ministérielles sur ce sujet n'admettent que les demandes recommandées par les intérêts *matériels,* et ne montrent aucune indulgence pour les faits de fragilité expiés par un sincère repentir et des larmes bien amères. Or, on nous permettra de demander si des hommes qui ont tant besoin de la miséricorde divine doivent ainsi repousser impitoyablement ceux qui avouent leurs fautes, et si cette rigidité partiale de l'administration civile en

(1) Il est justement fier, notre souverain, de la gloire de nos vaillantes armées ; s'il veut les rendre invincibles, qu'il daigne se souvenir de la réponse que fit un sage observateur au général assyrien qui assiégeait Béthulie ; et surtout du brevet d'immortalité que le fondateur de sa dynastie a donné aux habitants de la Vendée, il concevra facilement que pour élever la France à la hauteur des Vendéens il suffit de resserrer les liens qui l'unissent à Rome.

matière de mariages prohibés convient à une époque
où l'on donne tant de verdicts d'acquittement, où l'on
admet si facilement des causes atténuantes.

Albukerque, craignant d'être atteint par la foudre,
qui éclate avec fracas, se met à l'abri des coups du
ciel irrité, en élevant sur sa tête un innocent enfant ; et c'est en vain que de malheureuses victimes
d'un moment d'erreur baignent de leurs larmes les
pieds des distributeurs laïques des dispenses, et leur
demandent grâce pour effacer la tache qui flétrit
l'acte de naissance de leur infortuné et innocent
enfant. Rien ne saurait les émouvoir.

Pour obvier à tous les inconvénients de cette es-
pèce, il suffirait d'ordonner que les demandes excep-
tionnelles seraient d'abord présentées à l'autorité
ecclésiastique, spécialement compétente en vertu du
pouvoir de lier et de délier qu'elle a reçu de son divin
fondateur ; en statuant que munies de la décision
favorable de cette autorité, les parties se pourvoi-
raient devant l'administration, à l'effet de solliciter
pour les effets civils une nouvelle dispense (si l'on
veut se servir de ce mot), et en prescrivant que l'ins-
truction civile des demandes de cette nature ne de-
vrait porter que sur les garanties présentées par les
sollicitants pour rentrer dans la voie de l'ordre et de
l'obéissance à toutes les lois.

Le souverain imiterait alors Jésus-Christ, qui par-
donna à la femme adultère, alors que tous la con-
damnaient, et cette heureuse imitation augmenterait
la masse des graces dont les chefs des nations ont

besoin, dans un temps où les passions individuelles fermentent avec une violence difficile à contenir ; car le ciel est toujours éminemment généreux pour ceux qui le servent.

Mais terminons : le plus célèbre des médecins, et avec lui une foule de célébrités médicales, reconnurent, dès la première apparition du choléra, en 1832, que leur science était impuissante contre ce fléau de Dieu : *flagellum Dei*. J'ai cherché le mot de l'énigme dont ils ont reconnu l'existence, et je l'ai trouvé dans les deux principales causes qui arment le bras du Tout-Puissant. Mais je me suis rappelé en même temps cette parole du Sauveur à l'une des saintes les plus illustres : *Charge-toi de mes affaires et je me chargerai des tiennes*, et j'ai cru qu'une nation qui veut vivre doit s'occuper des intérêts de Dieu. Je les ai rappelés ; j'ai dit que si la volonté manifestée sur le mont Sinaï sert de règle à notre conduite, nous contribuerons pour notre part à la régénération sociale qu'appellent tous les vœux ; j'ai mesuré l'étendue immense de nos besoins ; j'ai vu la sainteté du mariage traînée dans une boue infecte ; j'en ai cherché les principales causes, en indiquant les moyens d'atténuer le mal ; j'ai enfin entendu les échos redisant encore les souhaits impies que formulaient naguères les plus hideuses passions ; j'ai compris qu'elles vivaient encore, quoique enchaînées par une main de fer ; j'ai vu l'élite de nos vaillants soldats exposés aux dangers de la mort, des frimats et d'une guerre meurtrière, j'ai voulu contribuer à leur victoire en intéressant à leur cause le Dieu qui tient en ses mains le succès ; j'ai entendu notre céleste mère, celle dont l'éclatant triomphe faisait naguère palpiter tous les cœurs, nous dire à tous comme aux ordonnateurs des noces de Cana : *Faites tout ce que mon Fils désire*, et j'ai pensé devoir engager tous mes frères à réunir leurs vœux aux miens pour les présenter ainsi réunis au prince qui a tant fait déjà.

Puisse notre voix être entendue ! Le cœur de l'immortel Pie IX tressaillira d'une indicible et céleste joie. Il bénira cette France qu'il aime par prédilection, et le ciel, qui se réjouit à la conversion d'un seul pécheur, ouvrira pour nous tous ses trésors de vraies lumières, qui vivifient et renouvellent la face de la terre.

Marseille, 10 février 1855.

Marseille. — Imprimerie de P. Chauffard, boulevart du Musée, 21.

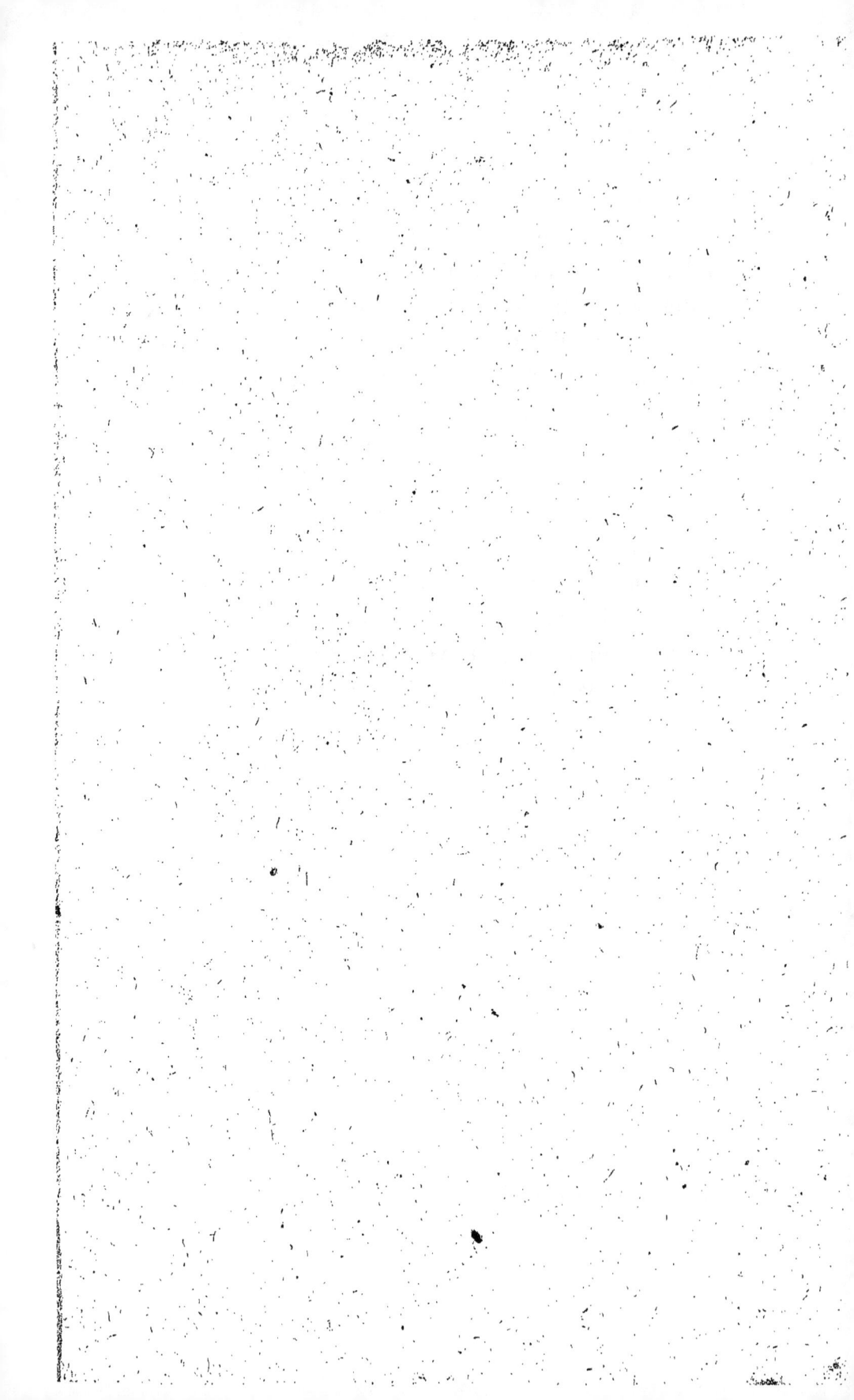